FRANCE, "REMEMBER!"

CHANT FUNÈBRE

à l'occasion de la mort

de

S. A. R. Mme LA DUCHESSE HÉLÈNE D'ORLÉANS,

par

LE DERNIER TROUVÈRE.

Hark! 'tis a Queen's, a mother's moan.
KNOX.

LONDRES :

W. JEFFS, FOREIGN BOOKSELLER,

15, BURLINGTON ARCADE.

JOHN SMITH & CO., PRINTERS, 52, LONG ACRE.

1858.

FRANCE, "REMEMBER!"

FRANCE, "REMEMBER!"

CHANT FUNÈBRE

à l'occasion de la mort

de

S. A. R. Mme LA DUCHESSE HÉLÈNE D'ORLÉANS,

par

LE DERNIER TROUVÈRE.

Hark! 'tis a Queen's, a mother's moan.
KNOX.

LONDRES :

W. JEFFS, FOREIGN BOOKSELLER,

15, BURLINGTON ARCADE.

JOHN SMITH & CO., PRINTERS, 52, LONG ACRE.

1858.

Tout exemplaire de cet ouvrage, non revêtu des signatures de l'auteur et de l'éditeur, sera réputé contrefait.—Droit de traduction réservé.

DIES IRÆ[1].

Jour de terreur, jour de colère,

Où le siècle, dans la poussière,

Dans la cendre en feu, croulera !

La Sybille antique et la Bible

L'ont annoncé, ce jour terrible,

Où le juge nous jugera.

2

Les tombeaux, la terre se fêle ;
La trompette éclatante appelle
Devant le trône accusateur.

La mort frémit, la créature
Se lève de la sépulture,
Pour répondre à son créateur.

Voici le livre où notre vie,
Jour à jour, pas à pas suivie,
Est écrite avec notre arrêt.

Tout est pesé dans la balance ;

Tout sort de l'ombre et du silence ;

Rien d'impuni, rien de secret.

Misérable ! que répondrai-je ?

Quel défenseur invoquerai-je,

Auprès du juste épouvanté ?

Seigneur, Majesté redoutable,

Inflexible, mais équitable,

M'aurez-vous en vain racheté ?

4

Vous m'avez, dans la solitude,

Cherché, tombant de lassitude ;

Vous m'avez longtemps attendu.

Le sang a coulé de vos veines :

Vos douleurs seraient-elles vaines,

Votre sang serait-il perdu ?

Jour de terreur, jour de colère,

Où, de la poudre séculaire,

Le coupable se lèvera !

Le front courbé, fils de Marie,

Le cœur en cendre, je vous prie,

Sauvez-moi ! quand la mort viendra.

Souvenez-vous, Dieu secourable,

Du sort de l'homme misérable,

Des défaillances de l'exil !

Que votre pitié solennelle

Lui donne la paix éternelle,

La paix profonde . . . . . Ainsi soit-il.

Des noires profondeurs du cœur et de l'abîme,
 De siècle en siècle, au ciel
Jetant le sombre cri du malheur ou du crime,
 Sur la tombe et l'autel,
Ainsi toujours gémit ce lugubre cantique :
 Sans cesse châtié,
Le monde rédimé, comme le monde antique,
 Mugit : ayez pitié !
Comme aux jours où, mêlant l'ombre de l'ossuaire
 Au soleil du berceau,
Trois aveugles filaient la pourpre et le suaire
 Sur le même fuseau ;

Où la vie aux ciseaux de ces sourdes fileuses
    Tombait fatalement ;
Ainsi, toujours trop tard, les prières boîteuses
    Montent au firmament.

O Christ ! auras-tu donc, sans pouvoir sur son trône
    Ébranler le Destin,
Planté, le front saignant sous ta pâle couronne,
    Ta croix sur l'Aventin[2] ?

Le vieux vautour n'a point fermé ses doubles serres,
    Et l'implacable sort,
Comme aux temps de Saturne, à toutes nos misères
    Met le sceau de la mort.

I.

Et nunc erudimini, gentes ! . . . . .

Peuples ! pas n'est besoin que dans vos sombres fêtes
    Un triangle sanglant,
Pour les égaliser, promène sur nos têtes
    Son niveau ruisselant,
La puissance et l'éclat, tout s'éteint et tout tombe,
    Tout doit être expié ;
Le trépas va couchant les têtes et les tombes
    Au niveau de son pied ;
Les châteaux sur la cîme, et les chaumes dans l'herbe
    S'effacent sous ses pas ;

Mais au moins, si c'était le front le plus superbe
    Qui tombe le plus bas !
C'est aux cœurs les plus doux que la cruelle flèche
    Plonge le plus souvent,
Que, dans la vieille plaie, une blessure fraîche
    Saigne le plus avant.

O Mort ! pourquoi frapper des exilés sans armes,
    Courber des fronts soumis,
Et leur porter des coups qui font verser des larmes
    Même à leurs ennemis ?
Que faut-il donc, Seigneur ! pour qu'à la fin s'apaise
    Votre front courroucé ?
Sous votre lourde main, sous votre main qui pèse,
    Qui donc s'est redressé ?

Ces proscrits, sont-ils pas prosternés dans la cendre ?
    Se sont-ils révoltés ?
Vous ont-ils répondu ? n'ont-ils pas su descendre
    Comme ils étaient montés ?
Tour à tour élevés, abattus par l'orage,
    Ont-ils démérité,
Ployé sous la fortune, ou porté, sans courage,
    La dure adversité ?
Ont-ils, du sang aux mains, planté sur la frontière
    Un étendard fumant ?
Les a-t-on vus, Seigneur ! appeler à la terre
    De votre jugement ?

France ! fut-il jamais, sous ta pourpre et ta moire,
    Un plus ferme faisceau

De purs enfants, tenant, pour ta paix et ta gloire,
      L'épée ou le fuseau ;
De vierges, doux espoir, que la nuit qui soupire
      Voit, à travers ses pleurs,
Pâles, autour d'un marbre où palpite et respire
      Jeanne de Vaucouleurs[3] ?
Leur sourire brillait aux lèvres de leur mère,.......
      Qui les pleure toujours.
Triomphes passagers ! fortune mensongère !
      Qu'ils étaient beaux, ces jours,
Où cinq princes-soldats[4], Clairons ! sous votre haleine,
      A nos conscrits mêlés
Comme aux blés les bluets, ondulaient par la plaine
      Dans les rangs étoilés ;
Ces jours, où, sur les pas de l'aîné de leur race,
      S'élançant aux combats,

Ensemble, ils imprimaient sur l'Afrique une trace
>Qu'on n'effacera pas !

Au front des bataillons, l'un conduisait la foudre ;
>Aux périls des halliers,

Un second enlevait, aux lueurs de la poudre,
>Des flots de cavaliers ;

Deux autres à l'assaut lançaient nos baïonnettes :
>Sur le flot noir et bleu,

Joinville, nos marins ; et tous, leurs épaulettes
>Au baptême de feu.

En face du vautour, poursuivant une cendre
>Qu'il flairait en chemin, ...

Aspirant à sombrer, plutôt que de la rendre,
>Et la mêche à la main,

L'un enlevait, rapide, un second Prométhée[5]
>D'un nouveau Golgotha ;

L'autre, de haute lutte, à l'Atlas, un Anthée[6],

    Le second Jugurtha !

Et, cuydant[7] que c'est lui, quand un coursier dévore

    Le sable Sarrasin,

Chaque mère effarée, en hâte, serre encore

    Son enfant sur son sein.

Le Mexique et l'Escaut, Mogador, Constantine,

    Tremblaient sous leurs canons,

Et sans cesse l'écho de la rive Latine

    Nous apportait leurs noms.

Comme aux épiques jours des nefs républicaines,

    Tel qu'un autel de fleurs,

Sans cesse se couvrait de palmes africaines

    Le trône aux trois couleurs.

Dans le désert brûlant, sur la mer lourde et sombre,

    Soldats ou matelots,

Partout ils arboraient, ô France ! ta grande ombre
>Sur la terre et les flots ;
Et le roi de Juillet, debout sur le rivage,
>Superbe et satisfait,
A travers les hasards de la vague sauvage,
>Du regard les suivait.

Leur cœur était de taille à grandir cette arène ;
>Patients dans l'espoir,
Muets, ils subissaient une loi souveraine :
>Ils faisaient leur devoir !
Ils ont accepté l'heure, ils ne l'ont point choisie ;
>Et, sur nos jours si vieux,
Leur jeunesse a versé des flots de poésie,.....
>Mais la prose est sans yeux.

Le siècle avait fait halte au tombeau d'un Moïse
    Expiré dans les fers ;
Ils ont repris la course à la terre promise,
    A travers les déserts.
Ils croyaient y porter l'arche de l'alliance
    D'un peuple avec son roi ;
Au baptême tonnant de la nouvelle France.
    Leur sang signait leur foi ;
Les plus vaillants marcheurs étaient morts à la peine :
    Au présent oublieux,
Sur leurs pas effacés, ils renouaient la chaîne
    D'un passé glorieux ;
Ils retrouvaient la route, ils veillaient dans l'attente,
    Et, l'écoutant venir,
Épiaient, à travers la toile de leur tente,
    L'aube de l'avenir.

A la sueur des camps, ils retrempaient l'armée ;

    Le compas à la main,

Ils mesuraient le Nord et sa route fermée

    A l'idée en chemin ;

Leur casque étincelait d'une triple auréole ;

    Leur drapeau rayonnant

Secouait les lueurs de Jemmape et d'Arcole,

    D'Arque et de Marignan ;

Leurs coursiers emportaient, sur des plages nouvelles,

    Notre histoire au galop ;

Leur souffle ravivait les saintes étincelles

    Mortes à Waterloo ;

La patrie acclamait les vaincus de la Loire,

    Dans leurs rangs abrités ;

Formant, avec fierté, le faisceau de nos gloires

    Et de nos libertés,

Avec eux, dans nos cœurs, rallumant une flamme
  Qui chaque jour s'éteint,
Déjà, nous refoulions, aux éclairs de leur âme,
  L'Anglais et le Destin !

Ce n'est que pour un temps que l'envie et la haine,
  Les sombres passions,
Parviennent à troubler la conscience humaine,
  L'esprit des nations :
La beauté du malheur porte un charme invincible ;
  Vaincu par son attrait,
Le siècle leur rendra, lentement impassible,
  La justice du vrai.

Comme l'azur mouvant qui se calme et qui rêve,
    Notre cœur irrité
S'apaise, et réfléchit ton astre qui se lève,
    Auguste Vérité !

II.

Justum et tenacem propositi virum.....

Il se lève déjà, cet astre, sur la tombe

    D'un roi calomnié ;

Tous les jours il grandit : et la fange retombe

    Sur ceux qui l'ont nié.

Histoire, chaste sœur de la sainte Justice,

    Salut à ton flambeau !

Descends avec ta sœur, vierge résurrectrice,

    Au fond de ce tombeau.

Et toi, muse des camps, compagne du trouvère,

    Vierge de Roncevaux,

Qui t'enivres au bruit des fracas de la guerre,
>Au souffle des chevaux ;
Toi qui chantes partout, d'une voix libre et fière,
>Sur un luth frémissant,
Ton pays, quel que soit, battant à sa bannière,
>Le chiffre teint de sang ;
Calme-toi pour chanter, sur un mode plus grave,
>Le labeur de celui
Que l'on vit, dix-huit ans, comprimer une lave
>Qui bouillonnait en lui.
Muse, devant un siècle aveugle à la lumière,
>Pour la postérité,
Muse, à son juste poids, pesez cette poussière,
>Dites la vérité !

Thermopyles français[8], défilés de l'Argonne
    Où, suivant son essor,
La Liberté, posant son masque de Gorgone,
    Ceignit son casque d'or,
Dites si le soldat qui sauvait la frontière
    Ressentait, à demi,
L'affront, toujours vengé, qu'y fait sur la bruyère
    Le pied de l'ennemi ?.....
Prince pieux et doux qui rendais sous un chêne
    Justice aux paysans,
Et toi qui leur montrais ton gris pourpoint de laine
    Outragé par les ans,
Dites si les vainqueurs, qui lancent le tonnerre
    Sur les guérets noircis,
Au ciel, trônent plus haut que le roi débonnaire
    Qui les couvre d'épis.

Il est beau de broyer, sous un coursier livide,
  Des bataillons épais ;
Il l'est peut-être autant de descendre, intrépide,
  Au gouffre de la paix.

La paix, dans les cités engendrant plus de haines
  Et de luttes, cent fois,
Qu'un soleil pluvieux, de limon dans les plaines,
  De rampants dans les bois !

Il est grand, il est beau d'atteindre la victoire
  Sur des remparts fumants ;
Il l'est peut-être plus de résister, ô gloire,
  A tes entraînements.

Tel celui qui venant affermir un royaume,
  Qu'il pouvait conquérir[9],
Détourna ses regards d'un séduisant fantôme,
  Qui pouvait le trahir.

Dans la plaine funèbre où la garde immortelle
    S'arrêta pour mourir,
L'armée, obéissant à sa voix solennelle,
    Fit halte pour gémir.
C'était fatal ! la plaie au flanc de la patrie
    Était béante encor :
Son armure, en éclats ; sa mamelle, amaigrie ;
    Et tari, son trésor.
Ulysse dérobant son courroux et sa lance
    Aux yeux de l'étranger,
Ce monarque forgeait la victoire, en silence,
    Pour le jour du danger.
Pendant que le géant qui compte sur le nombre
    Croyait à son sommeil,
Muet, il calculait la courbe que son ombre
    Jette à notre soleil.

Sur les monts où tonnait, dans la nuée obscure,
 Le fantôme ennemi,
On a vu, quand il prit à nos pieds sa mesure,
 Lequel avait dormi ; .....
Aux lieux où l'on criait : Bosquet, à la rescousse !
 Comme autrefois, Blücher !
On a vu si le roi dont l'ère fut si douce
 Savait tremper le fer ;
Si, du granit Scythique, ou de l'Écosse dure,
 Il jaillit un acier
Égal au bronze ardent dont sa main, lente et sûre,
 Coulait un Pélissier !

Jeunesse au cœur de feu, pour juger la sagesse,
 Apaise un sang qui bout ;

Regarde autour de toi, l'œuvre de sa vieillesse
>Est encore debout ;

Contemple, avec respect, Paris et ses merveilles
>Protégés d'un rempart,

Et ne crois pas, non plus, que dans ses longues veilles
>Il n'ait point fait ta part.

Pendant qu'à la tribune, aux éclairs des idées,
>Se promulguaient nos lois,

Les chaires t'enseignaient, librement abordées,
>Tes devoirs et tes droits.

Aux leçons qui tombaient des lèvres des prophètes,
>En ces temps regrettés,

Le monarque envoyait des porphyrogénètes
>S'asseoir à tes côtés ;

Et les portes du Louvre, en ces jours, large ouvertes
>A tes bruyants essaims,

Te voyaient partager les feuilles encor vertes
  De leurs lauriers latins.
Fiançant, en espoir, la liberté nubile
  A ses fils généreux,
Il la laissait jouer sous la tente d'Achille
  Et grandir avec eux ;
Et sa plume, signant d'illustres hyménées,
  En dépit de vingt rois,
De l'espace et du temps rayait les Pyrénées
  Pour la seconde fois.
Curtius[10] de notre siècle, il en ferma l'abîme
  Qui devait l'engloutir ;
Élu roi de la paix par la voix unanime,
  Il en fut le martyr.

Éternel châtiment de celui qui t'annonce,
>   Sublime Vérité !

Aux hurlements du cirque éternelle réponse
>   D'un grand cœur insulté !

Cependant qu'au Forum sifflait la calomnie,
>   France, dans tes sillons,

A flots toujours croissants, ce placide génie
>   Te versait ses rayons.

Vainement de fureur redoublait la couleuvre ;
>   Comme dans une tour

Enfermé dans son âme, il poursuivait son œuvre
>   Qui grandit chaque jour.

Ce vieillard t'enseignait, d'une voix importune,
>   La science du vrai,

L'épargne qui prévoit la mauvaise fortune
>   Et lui prend son secret.

Sans tourner, en tremblant, vers l'azur politique
    Des regards soucieux,
Sans redouter jamais, comme l'augure antique,
    La secousse des cieux,
L'industrie échangeait ses merveilles, sans crainte,
    Et, de son balancier,
Dans un siècle de fer, frappait à ton empreinte
    L'or qui vaut de l'acier.
De l'avenir, pour toi, traçant les routes sûres,
    Il te disait : Demain !
Il charmait ta colère, et tes vieilles blessures
    Se fermaient sous sa main.
Tour à tour arrachant, au sommeil, à la haine
    Qui jamais ne dormait,
A des tribuns jaloux, chaque branche de chêne
    Dont il te couronnait,

Sans cesse il ajoutait : à ta vigne, une treille ;

  A tes champs, un sillon ;

A Cherbourg, un rocher ; un bassin à Marseille ;

  Une bombe à Toulon.

De sa propre pensée étouffant le murmure,

  Au feu de tes fourneaux,

Il retrempait ton casque et ta divine armure

  Dans tes grands arsenaux.

Vienne l'heure ! tu peux, à la nouvelle épreuve,

  Marcher le front levé :

Ta force est revenue, et ton denier de veuve

  Est enfin retrouvé.

Sur ton sol, fils de ceux qu'éleva sa prudence,

  De magiques coursiers,

Des coursiers de vapeur, apportent l'abondance
>Et l'or dans tes greniers.

En face de l'Anglais qui dévore sa haine,
>Sur les flots se creusant,

Tes lourds Léviathans, monstres aux flancs de chêne,
>Nagent en rugissant ;

Tes fleuves sont captifs et leurs vagues altières
>En vain rongent leur frein ;

Tes côtes sont de fer ; de granit, ta frontière ;
>Ta poitrine est d'airain.

Tes soldats, réchauffés aux bras d'une Sabine
>Qui brava les Romains,

Et que nul ne pourra, sans trouer leur poitrine,
>Arracher de leurs mains ;

Tes soldats, éprouvés au feu de cette Afrique
>Qu'il rangea sous nos lois,

Sont encor les enfants de la race héroïque
  Qui fit trembler les rois.
Si ton cœur, France ingrate, est vraiment à leur taille,
  Que le premier drapeau
Qu'ils prendront sur le Rhin, en un jour de bataille,
  Protége son tombeau !
Dans l'ombre une pensée, incomprise et muette,
  Soudain tressaillera :
Sacrée est cette tombe et sainte cette dette,...
  L'avenir la paiera.

Siècles tant célébrés d'Auguste et de Corneille,
  Dites-nous si les arts
Jetèrent sur le monde une lueur pareille,
  Sous vos divins Césars ;

Si la pensée, au loin, sur de plus grandes ailes,
  Dans un plus vaste essor,
Lança, toujours montant par des routes nouvelles,
  Plus d'étincelles d'or.
Dites-nous si jamais, sous vos Dieux invisibles,
  De leur ombre jaloux,
Le poëte a goûté des sommeils plus paisibles
  Et des réveils plus doux ?
Dites, à votre tour, Républiques du Tibre !
  De l'Eurotas vanté !
Si, sous vos fiers tribuns, un peuple fut plus libre
  Que sous la royauté
D'un prince dont l'esprit planait loin de l'école,
  Sur les plus fiers sommets ;
Si trône, hérissé des traits de la parole,
  A moins tremblé jamais !

L'abîme a répondu : jamais plus de lumière
  Et de prospérité
N'ont visité le seuil de la pauvre chaumière
  Et son toit respecté ;
Jamais, dans la forêt de l'antique ignorance,
  Les rustiques pionniers,
Perdus dans les hameaux, n'ont, aux pas de l'enfance,
  Ouvert plus de sentiers.
Jamais ne brilla moins de pompe solennelle
  Dans le palais des rois :
C'est au sien que l'on vit le peuple en sentinelle
  Pour la première fois !
C'est au large foyer de ce roi pacifique
  Que des serfs affranchis
Apprenaient à porter la noblesse civique ; . . . . .
  Ils ne l'ont pas compris.

Naguère les Germains, les Suisses et les Slaves,
 Le Belge épouvanté,
Les montraient à leurs fils, ainsi que des esclaves,
 Ivres de liberté.
Leur folie, un instant, assombrit nos annales ;
 La page eut son revers :
Les rêveurs qui dormaient au bruit des saturnales
 S'éveillaient dans les fers.

Malheur aux Césars nés dans un âge suprême,
 Où, sur les flots montants,
Un ange au gouvernail et Jehovah lui-même
 Sombreraient sous les temps ;
Où Titus et Trajan, s'ils revenaient au monde,
 A leur tour odieux,

Tomberaient comme lui, d'une chute profonde,
  Coupables d'être Dieux !
Ressuscite avec eux, secouant tes colères,
  Géant Napoléon ;
Reviens, pour voir broyer dans l'étau populaire
  Ta griffe de lion !
Abhorré s'il est tigre, ou, doux agneau sans tache,
  Jeté sur un'étal ;
Tournant, qu'il ait en main la houlette ou la hache,
  Dans un cercle fatal ;
Un prince est, de nos jours, victimaire ou victime,
  Inéluctablement :
Philippe eut à choisir la clémence ou le crime ;
  Philippe fut clément !

Dans son siècle adorant encore une patrie ...
    Conquise par la paix,
Au titre de son sang, comme de son génie,
    Philippe était Français !
Un seul pli de son front, un seul geste à la poudre
    Qui trois jours attendit,
Et la guerre civile eût allumé sa foudre ; . . . . .
    Philippe descendit !
La conscience forte et la main de sang pure,
    Il tomba, ce grand roi ;
Histoire ! il en est temps, pour venger son injure,
    Histoire, lève-toi !

III.

Inexorabile fatum . . . . .

Trône de Saint-Louis, autel expiatoire,
    Où le ciel, tant de fois,
A frappé la vertu, le génie et la gloire
    Sur la tête des rois ;
Où le tonnerre a fait, coup sur coup, table rase
    En moins de soixante ans ;
Quels terribles secrets sont cachés sous ta base,
    Dans l'abîme des temps ! . . . .
Quelle sombre vapeur, quel mystère insondable,
    Y font, sur l'innocent,

Sans cesse retomber les fautes du coupable,

    En une pluie-de-sang ?.....

Qui sait, puisqu'en ce monde il faut que tout s'expie,

    Si le feu dévorant

Ne s'est point allumé, sur une place impie,

    Au bûcher de Rouen ?

Si Dieu n'a point formé le nuage qui couvre

    Les astres de nos rois,

D'une tache imprimée à la face du Louvre

    Par la main d'un Valois ?

Du sang qui fume encor, jusqu'à ce jour peut-être,

    Sous un balcon d'airain ;

S'il ne l'a point armé des éclairs du salpêtre

    Partis de cette main ?

Qui sait, si dans la nuit, sur ce trône illusoire,

    Menaçant et masqué,

Ne s'assied point un spectre inconnu, que l'histoire

 A vainement traqué ?

Quel roi peut désormais, le plus pur, le plus digne,

 Y monter sans terreur ;

Sans y porter un front qui pâlit sous le signe

 Du sacrificateur ?

IV.

Lamentabile regnum . . . . .

Il n'a pas pesé lourd, Seigneur, dans vos balances,
  Ce trône pavoisé :
Ce superbe faisceau de vierges et de lances,
  En trois jours, s'est brisé !
Comme il advient toujours, quand votre loi décrète
  Qu'un monarque a règné,
Et qu'en votre pensée, immuable et secrète,
  Son arrêt est signé ;
Des signes précurseurs ont averti la terre,
  Sillonné le ciel noir,

Et chacun les a vus, hormis ceux, Dieu sévère !
Ceux qui devaient les voir.
Des rides ont couru sur la face du monde ;
De soudaines ardeurs,
Le creusant, l'ont fouillé, comme la foudre l'onde,
Jusqu'en ses profondeurs ;
Le silence s'est fait autour du trône sombre ;
L'avenir a pâli ;
Sur le front des palais où descendait votre ombre,
Des éclairs ont relui ;
Le frisson a saisi l'océan populaire,
Ébranlé ses flots lourds,
Et les vagues rumeurs que jetait sa colère
N'ont frappé que des sourds.
Au calme, ont succédé les éclats de l'orage
Et la confusion :

Puis, soudain, ont passé les débris du naufrage,
Comme une vision.

Au prince que le peuple, au jour de délivrance,
Portait sur le pavois,
Aux cris qu'autour de lui jetait toute la France,
Manquait-il votre voix,
Que vous avez sur lui fermé votre paupière,
Et, dans ce jour vermeil,
Fait devant tout un peuple, ivre de sa lumière,
Mentir votre soleil ?
Qui pourra, désormais, contempler un présage
Sans un secret effroi ?
Derrière cet azur se cachait un nuage :
Un proscrit dans ce roi.

Tout vous est bon, Seigneur ! pour faire votre ouvrage,
    L'automne ou le temps vert :
Vous semez, en été, les gouttes de l'orage,
    Pour faucher en hiver.
Tantôt vous moissonnez, sous un soleil étrange,
    Les pâles fleurs de lis ;
Tantôt vous éteignez, dans la pluie et la fange,
    Les astres d'Austerlitz !
Vous semez dans les cœurs les soupçons et la haine,
    Pour étouffer l'amour ;
Vous mettez dix-huit ans à mûrir votre graine ;
    Vous fauchez en un jour.
Pendant que l'on croyait que dormait votre foudre,
    Vous poussiez, ô mon Dieu !
Des pensers de salpêtre et des pages de poudre
    Sous des plumes de feu ;

Votre souffle agitait le limon et la flamme
　　Dans les cœurs retournés,
Et soulevait, au fond des cavernes de l'âme,
　　Les démons déchaînés.
Soudain se transforma la louange en injure,
　　La couronne en fardeau ;
En prison le palais, le serment en parjure
　　Et le sceptre en roseau ;
En juges les sujets, en mépris le prestige,
　　Le dévouement en peur,
La prudence en sommeil, la raison en vertige,
　　Et l'armée en vapeur.

Insensé qui s'endort dans les bras de l'ivresse,
　　Sur des bonheurs passés,

Et qui compte, sans vous, sur sa vaine sagesse,
Sur ses propres pensers !...
Vous avez envoyé l'erreur et la démence
Aux sages conseillers ;
Vous avez fait asseoir la folle confiance
Près de leurs oreillers :
Mis deux sceaux sur leurs yeux, un serpent sur leur lèvre,
Un lièvre dans leur cœur ;
Aux peuples envoyé les rêves de la fièvre,
L'ivresse et la fureur ;
A travers le danger qui n'était qu'une flamme,
De pâles généraux ;
La discorde aux soldats, le courage à la femme,
L'épouvante aux héros.
Vous avez converti les splendeurs en misères
Et frappé de tels coups,

Que les malheurs fameux des fables séculaires
    En ont été jaloux ;
Vous avez fait errer, battu par la tempête,
    Sur la grève, au hasard,
Sans courtisans, sans toit pour abriter sa tête,
    Un nouveau roi Léar ;
Vous l'avez fait rouler comme un rocher qui tombe ;
    Entre son peuple et lui,
Mis l'océan des mers, le gouffre de la tombe,
    Les vagues de l'oubli.
Vous avez déchiré la pourpre avec la moire,
    Aujourd'hui vain lambeau ;
Vous avez fait trois pas..... et soufflé sur sa gloire,
    Comme sur un flambeau !

Sur la brêche noircie et les mers glorieuses,
    Sous leurs canons grondant,
Vous avez arraché de mains victorieuses
    La foudre et le trident ;
Vous avez accablé des langueurs de la trêve
    Des chefs audacieux ;
Vous les avez couchés à terre, en pleine sève ;
    Vous avez, sous leurs yeux,
Dépensé les éclairs, Seigneur, en flammes folles,
    Que leurs mains ont forgés ;
Et fait, sur d'autres fronts, jaillir des auréoles
    De leurs bronzes chargés.
Quand ils eurent rendu son glaive à la patrie,
    Qu'ils pouvaient ébranler,
Vous les avez jetés sur la terre ennemie,
    Qu'ils avaient fait trembler ;

Vous avez, dans son vol, arrêté la victoire

    Planant sur leur drapeau ;

A six ouvert la tombe, à tous fermé l'histoire

    Au feuillet le plus beau ! . . . . .

Vous avez enfoui les vierges dans la terre,

    Sous d'éternels pavots,

Et chassé, sans pitié, la mère solitaire,

    Même de leurs tombeaux ;

Et voilà qu'aujourd'hui les ronces qui recouvrent

    Ces gloires d'autrefois,

Avec des cœurs brisés, des cœurs saignants, se rouvrent

    Pour la septième fois !

Où donc s'arrêtera le feu de la colère ?

    Verrons-nous donc, broyé,

Le dernier rejeton de ce tronc séculaire

    Tant de fois foudroyé ?

Seigneur ! ayez pitié des vieux ans de l'aïeule :

    Comme un arbre chenu

Qui survit aux forêts, la laisserez-vous, seule,

    Sècher sur le sol nu ?

N'est-ce donc pas assez que la poudre d'un trône

    S'envole à tous les vents, ...

Que vous allez brisant sa dernière couronne,

    Sa couronne d'enfants ?

Votre loi ne lui fait, ni grâce d'une goutte,

    Ni trêve d'un moment :

Il faut boire la lie, et voir pâlir en route

    Sa fortune qui ment.

La plus robuste foi, qui rampe dans la cendre,

    Qui passe par le feu,

Se redressant enfin, refuse de descendre

    Et d'absoudre son Dieu ! . . . . .

Et cependant en vain vous l'assaillez d'alarmes ;

    Épuisant son écrin,

En vain vous lui rendez, et ses perles en larmes,

    Et son or en airain ;

Lorsque vos messagers vont heurter à sa porte,

    Au deuil comme à l'exil,

Ne répond-elle pas toujours, la femme forte:

    " Seigneur, ainsi soit-il ! "

V.

Fuit Ilium ! . . . . .

Mère de tant de rois, Hécube lamentable !
    Il était donc écrit
Que tu verrais crouler ton granit sur le sable,
    Au souffle de l'esprit ;
En ces temps orageux où notre âme inquiète
    Roule au vent du malheur,
Que tu serais l'image, immobile et muette,
    De l'antique Douleur ;

Qu'on verrait sur ton front, sans courber ton courage,

    Sans que tu dise : assez !

S'amonceler à flots les rides de notre âge

    Et des siècles passés.

Chaque lustre te voit mener des funérailles

    Autour de ta maison,

Que le siècle agité couche au ras des murailles

    Qui furent Ilion ;

Chaque année, une étoile échappe à la pléiade,

    Ton légitime orgueil,

Et chaque jour ajoute à ta triste Iliade

    Une page de deuil.

Hier, c'était Hector, sanglant dans la poussière,

    Qu'il fallait recueillir ;

Puis, c'est le vieux Priam, sur la terre étrangère,

    Qu'il faut ensevelir ;

Et maintenant, mon Dieu ! c'est Andromaque blême
　　Que vous prenez encor ;
Prenez ! mais grâce, au moins, ô Justice suprême,
　　Pour les enfants d'Hector !

VI.

Non lo conobb' il mondo mentre l'ebbe.
Pétrarque.

Hector ! l'amour, l'orgueil du peuple et de l'armée ;
  Lui qu'en des jours mauvais,
De l'envie aux abois la dent envenimée
  N'osa mordre jamais !
Le monde l'a pleuré d'instinct, sans le connaître :
  Il ne l'a qu'entrevu ;
La patrie, elle-même, ignore encor peut-être
  Tout ce qu'elle a perdu.
Dites, muse pieuse, en des vers pleins de larmes,
  L'éclat que ce héros,

Éclair dans notre histoire, eût jeté sur nos armes

 Si longtemps au repos !

Ses yeux étincelaient des lueurs de son âme,

 Noble épée au fourreau ;

Ses traits resplendissaient de l'héroïque flamme

 Des Hoche et des Marceau.

Brûlant de raviver de son sang juvénile

 Les palmes de Valmy,

Que de fois, conjurant la prudence sénile,

 Son cœur a-t-il frémi,

Bondi !..... quand le vieillard, d'un geste irrésistible,

 En des jours menaçants,

Arrêta, sur le bord d'un inconnu terrible,

 Nos chevaux hennissants ;

Nos chevaux qui, dressant l'oreille au boute-selle
  Vainement épié,

Piaffaient, au champ fatal, l'éclair à la prunelle
  Et l'étincelle au pied ?

Il ne t'eût point livrée aux soldats du prétoire,
  O sainte Liberté !

Mais il aurait voulu qu'un rayon de victoire
  Eclairât ta beauté.

Les temps seraient venus de donner libre allure
  A nos instincts guerriers ;

Il aurait couronné ta vierge chevelure,
  D'épis et de lauriers.

Tendant et retirant la main à l'Italie[11],
  Jamais, à son secours

Il n'aurait, tourmentant la parole qui lie,
  Envoyé des discours !

Ce n'est point sur la borne, à phrases de colléges,

 C'est avec de l'acier,

Qu'il aurait déchiré des traités sacriléges,

 Debout sur l'étrier !

Il croyait qu'on épure et qu'on puise la vie

 A ton souffle immortel :

Il voulait rehausser et grandir la patrie,

 Pour asseoir ton autel.

Son esprit mesurant pour la France tombée

 L'avenir au passé,

Indigné, franchissait le cercle que l'épée

 Étrangère a tracé.

Les morts de Mansourah, les tombeaux de Carthage,

 Où l'oriflamme a lui,

Nous auraient vus entrer dans un double héritage,

  A cheval avec lui ;

Nous auraient vus porter, aux pointes de nos lances,

  Du Maroc à Memphis,

Des titres qu'ont signés, pour la Gaule et la France,

  César et Saint-Louis.

Refoulant à jamais le Maure qui recule,

  Au delà de ses bois,

Il n'aurait arrêté qu'à la borne d'Hercule

  Le soleil des Gaulois !

Et son frère, effaçant les traces du barbare

  Des bords du lac français,

En eût, la verge en main, d'Albion qui le barre,

  Balayé les filets !

Sa pensée évoquait la riche Pentapole

  Des cendres d'Augustin :

Il relevait Huningue, il abaissait le pôle
    Et l'aigle Byzantin.
On l'eût vu, déclinant l'alliance du Scythe,
    Tant de fois parjuré,
Le clouer à jamais sur les bords du Cocyte,
    Où Varus a sombré.
Il savait que la foi du barbare est un songe ;
    Sa force, une vapeur ;
Sa promesse, néant ; sa vérité, mensonge ;
    Sa pitié, de la peur.
Il savait qu'en dépit de nos chimères vaines,
    Au moindre ébranlement,
L'indomitable fer qui coule dans nos veines,
    Prend feu soudainement :
Qu'une lutte éternelle est la loi de ce monde,
    Et que l'œuvre de paix,

Où le Christ a failli, la science inféconde

 Ne la fera jamais.

Il savait ce qu'on fait, à force d'encre noire,

 De taches sur un nom ;

Qu'il faut, pour enlever la rouille sur la gloire,

 De la poudre à canon ;

Il n'a point dépendu de sa pensée altière[12],

 Qui secouait le frein,

Qu'aux flancs de son coursier vengeances et frontières

 Ne franchissent le Rhin ;

Il aurait entraîné, sur sa trace rapide,

 Le torrent soulevé.....

Il est mort !..... emportant, dans son âme intrépide,

 L'œuvre qu'il a rêvé ;

Il est mort !..... emportant notre espoir et ses rêves,

 Rêves encor si beaux,

Qu'ils sillonnent d'éclairs et de lueurs de glaives,

 Son crêpe à nos drapeaux !

VII.

Madame se meurt ! Madame est morte !
BOSSUET.

Ombres de nos soldats, qui suiviez en Afrique

  Ce hardi cavalier,

N'entendiez-vous donc pas un clairon fatidique

  Sonner dans le hallier ?

Pourquoi n'étiez-vous pas, dans cette nuit d'épreuve,

  Sous le dais sépulcral,

Autour d'elle, à vos rangs, pour protéger la veuve

  De votre général ?

A son chevet pourquoi, faute de baïonnettes,

  Quand elle était si bas,

Tant de bienfaits cachés, tant d'aumônes muettes,

    Se dressèrent-ils pas ?

Si l'ange de la gloire a replié son aile,

    S'il lui faut sommeiller ;

N'en pouviez-vous placer d'autres en sentinelle,

    Debout pour la veiller ?

Que font-ils donc, Seigneur ! au pied de votre trône,

    En ces lugubres jours,

L'ange de la prière et l'ange de l'aumône ?

    Dormiront-ils toujours ?

Que faisaient-ils encor lorsque, fendant la houle,

    Astyanax à la main,

Elle sentit tomber, sous les pieds de la foule,

    Sa couronne en chemin ?

Quand le fatal : Trop tard ! fit, dans cette heure sombre,

    Frissonner l'orphelin,

Que n'avançaient-ils donc l'avenir et son ombre
    Au cadran du Destin ?
Qu'il se rappelle, un jour, si d'une mère pure
    Les vœux sont triomphants,
Qu'un monarque français ne venge pas l'injure
    D'un prince d'Orléans !

Elle aussi, Dieu terrible ! avait courbé la tête
    Devant vos jugements ;
Et dans son cœur altier, de la sourde tempête
    Maîtrisé les ferments.
Elle n'a point jeté de fer dans la balance :
    Aux haines du vaincu
Elle a fermé son âme ; elle est morte en silence,
    Ainsi qu'elle a vécu ;

Fière d'avoir trempé, pour le trône et la tente,
    Les enfants, son espoir ;
Morte avec majesté, résignée et contente
    D'avoir fait son devoir.
Ainsi qu'à ses enfants elle cachait la France,
    Qu'elle entendait gémir, . . .
Elle leur a caché sa mort et sa souffrance,
    Pour les laisser dormir.

Ils dormaient ; . . . quel réveil ! le sommeil est fantasque ; . . .
    C'est un rêve odieux ! . . . . .
C'était l'Éternité ! la mort, ôtant son masque,
    Se dressait devant eux.
Ce fut une épouvante à l'âme la plus forte :
    Comme l'ombre et le vent,

Soudainement passa la pâleur de la morte

  Sur les traits des vivants.

L'espérance éteignit ses lumières divines

  Sur les fronts soucieux ;

La secousse arrêta les cœurs dans les poitrines

  Et les pleurs dans les yeux.

Sur ce masque muet, les ombres éternelles

  Marchaient rapidement ;

Les assistants savaient qu'une heure solennelle

  Sonnait en ce moment ;

Chacun d'eux, écoutant frissonner sa pensée

  Au souffle qui passait, ...

Tressaillit ! . . . . . et sentit, dans son âme glacée,

  Que l'exil commençait ;

Sentit autour de soi grandir la solitude :

  Et, le front grave et nu,

Tourna, le cœur pensif et plein d'inquiétude,
  Ses yeux vers l'inconnu ;
Et trois vaillants soldats, en ce moment terrible,
  Placés devant leur roi,
Voyant venir sur eux l'ombre de l'invisible,
  Reculèrent d'effroi.

Rien n'a pu la sauver : ni les vœux, ni les larmes,
  Ni vingt bras étendus,
Ni ses fils appelant, avec un cri d'alarmes,
  Les prêtres éperdus.
Son œuvre était fini ; son heure était venue :
  Et le soir, à pas lents,
On portait un cercueil que suivait, tête nue,
  L'aïeule aux cheveux blancs ! . . .

VIII.

> Stat crux, dùm volvitur orbis.
> ST. AUGUSTIN.

Arrière le vulgaire et sa plainte importune !
    Arrière les discours !
Consolateurs, laissez cette grande infortune
    Prendre et suivre son cours.
Sur cette plaie ardente une larme éphémère,
    C'est l'huile sur le feu ;
L'homme est de trop ici..... laissez là cette mère
    Et faites place à Dieu.
Seuls, devant un cercueil, le prêtre et le poëte
    Ont le droit d'accourir ;

De dire au désespoir qui détourne la tête,

  Que tout meurt sans mourir.

Oui, pauvre mère, en vain de l'un à l'autre pôle

  La mort fauche toujours,

Et, par mille sentiers, porte sur son épaule

  La gerbe de nos jours ;

Elle abat seulement de vaines apparences,

  Qui tombent au toucher :

Dans la sombre vallée, il est des espérances

  Qu'elle n'ose faucher.

Tu ne m'écoutes pas ..... ta face s'est voilée

  De l'ombre de ta main ;

La mort n'est cependant qu'une esclave essoufflée

  Qui nous porte en chemin.

La mort, à l'autre bord du fleuve de la vie

  Passe des voyageurs,

Qui jettent dans sa main, à la rame asservie,
>   L'obole de nos pleurs ;
C'est en vain, tour à tour, qu'elle frappe à la porte
>   Des pâtres et des rois.....
Elle n'ose toucher à toute âme qui porte
>   Le signe de la croix ;
Et du pied, vainement, le temps heurte et retourne
>   Les empires dissous :
La croix reste debout sur le monde qui tourne,
>   Et tes morts sont dessous !

STABAT[13].

Elle pleurait, la pauvre mère,
Debout, sous la croix du Calvaire
Où pendait son fils innocent ;

Dans les angoisses, les alarmes,
Elle versait, versait des larmes,
En voyant ruisseler son sang.

Oh ! comme elle était éplorée,

Gémissante et l'âme navrée,

Oh ! comme le cœur lui fendait !...

En voyant sur la croix honnie,

Soupir à soupir, l'agonie

De son fils qui la regardait !

Entre deux hommes de rapines,

Il saigne, couronné d'épines,

Et sa mère le voit souffrir !

Délaissé du ciel et du monde,

Il meurt sur une croix immonde,

Et sa mère le voit mourir !.....

AGIOS O THÉOS[14],

AGIOS O ISKHUROS,

Dieu fort !

THÉOS ATHANATOS,

Dieu vainqueur de la mort,

A qui te tend les mains, Seigneur, ouvrant les bras,

ELEISON UMAS !

Pitié pour la sagesse vaine,

Osant interroger tes lois ;

Pitié pour la poussière humaine,
Osant te peser à son poids !

Pitié ! si, pendant qu'elle passe,
Seigneur, notre témérité
Ose, avec un point de l'espace,
Mesurer votre immensité !

Au bord d'une sombre fenêtre
Éphémères éclos la nuit,
Nous vivons un jour, sans connaître
Ce qui précède et ce qui suit.

Nous tournons dans la nuit profonde,
Sans jamais voir que la moitié,
Qu'une face étroite du monde,
De votre sainte Vérité !

Nous sommes bornés par un nombre,
Troublés par un son, par un bruit ;
Éteints, glacés par un peu d'ombre,
Une lueur nous éblouit.

Un insecte, un rien nous irrite ;
Un soupçon nous livre combat ;
Une espérance nous agite ;
Un rêve, un doute nous abat.

Nous sommes blancs, nous sommes blêmes,
Pour un frisson de notre chair ;
Nous passons par tous les extrêmes,
Nous vibrons au souffle de l'air.

Tout en nous s'affaisse et s'efface :
Chaque page de notre cœur,
Nos noms, nos traits sur notre face,
Notre pourpre et notre pâleur.

Tout tarit : le sang dans nos veines,
Notre haleine avec nos pensers ;
Nos ardeurs, nos amours, nos haines,
Aussitôt éteints qu'embrasés.

Notre esprit s'arrête et s'élance
Sous la voûte de nos tombeaux ;
Notre voix subit le silence,
Notre mouvement, le repos.

Notre regard, qui se mesure,
Expire aux bords d'un horizon ;
Notre pensée, opaque, obscure,
Porte le poids d'une prison.

Nous condamnons, avec outrage,
Celui que nous aurions absous,
Si la vérité, ce mirage,
Ne reculait pas devant nous.

Nous jouons sur la terre un drame
Dont les fils se dénouent au ciel :
La sagesse en ourdit la trame
Dans votre secret éternel.

Nous ne savons que quelques pages
Du rôle que nous répétons ;
Nous nous croyons les personnages
Sous les traits que nous empruntons.

Nous sortons, nous rentrons en scène,
Sans savoir pourquoi ni comment ;
Nous croyons marcher, on nous mène
Du début jusqu'au dénouement.

Fantômes vêtus de puissance,
Nous en abusons tellement,.....
Que l'on croirait à votre absence,
N'était votre bleu firmament.

Ceints de couronnes inquiètes,
Nous trônons sur des échafauds ;
Nous frappons, sans peser les têtes,
Sans voir la main qui tend la faux.

Nous jugeons, nous levons sans crainte
Votre propre glaive, ô Dieu fort !
Et nous scellons de votre empreinte
Des arrêts d'exil et de mort.

Nos châtiments sont des vengeances,
Nos pardons ignorent l'oubli ;
Nos codes et nos consciences
Gardent l'injure dans un pli.

Nous foulons aux pieds, comme l'herbe,
Les hommes parqués dans nos lois ;
Nous imposons silence au verbe,
Au verbe, écho de votre voix !

Nous murons jusqu'à votre haleine,
Nous dérobons votre soleil,
Nous traquons la pensée humaine
Jusques aux lèvres du sommeil.

Notre parole n'est qu'un leurre,
Un fléau notre royauté ;
Nous commettons pendant une heure,
Que dure notre autorité,

Pendant une heure qui s'efface,
De telles horreurs, sous vos yeux,
Que vos anges, voilant leur face,
Versent des larmes dans les cieux.

Vous seul, Dieu saint ! vous êtes juste,
Seul infaillible et seul égal,
Seul immuable et seul auguste,
Seul pur de l'erreur et du mal.

Vous seul à la brebis tondue

Vous ne prenez pas son agneau ;

Vous seul à la chèvre éperdue

Vous laissez encore un chevreau.

Vous seul, Dieu fort ! pouvez construire,

Car seul vous savez conserver ;

Seul encore abattre et détruire,

Car seul vous pouvez relever ;

Seul punir et lancer la foudre,

Car seul vous savez pardonner ;

Seul encor vous pouvez absoudre,

Car seul vous pouvez condamner.

Toujours nos œuvres imparfaites
Sont filles du temps limité :
Pour achever ce que vous faites,
Vous avez votre éternité ;

C'est dans ses ténèbres profondes
Que point le jour réparateur.....
Et les siècles sont les secondes
Qui mesurent sa profondeur.

Vous laissez notre impatience
Tourmenter le temps qui viendra,
Car vous avez la conscience
Que votre règne arrivera.....

Vous planez au-dessus des choses ;
Votre regard, sans horizon,
Seul voit, sous les effets, les causes,
Sombre nuit pour notre raison.

Vous sondez le ciel et l'abîme ;
Dans votre main vous étreignez,
Vous joignez la base et la cîme,
Comme les pôles, sous vos pieds !

Le long de nos tristes années,
Loin des bornes que nous heurtons,
Vous conduisez nos destinées
Sur le char que nous emportons.

Tirés en tout sens par le doute,
Plongeant aux mirages lointains,
Nous croyons, en changeant de route,
Changer de but et de destins.

Rétifs à vos lois souveraines,
Toujours regimbant sous le frein,
Nous croyons, en brisant les rênes,
Faire dévier l'essieu d'airain.

Dans nos débats avec nous-même
Toujours le beau rôle est pour nous :
Mais l'impur limon qui blasphême
Est trop bas pour votre courroux.

94

Notre vie est une onde amère

Qui fuit, s'écoule en gémissant :

Le cri de sa plainte éphémère,

Un bruit qu'elle jette en passant.

Laissez tomber cette amertume

Et les révoltes de la chair :

Le flot à la surface écume,

Il dort au profond de la mer.

Laissez passer ce vain murmure,

Comme une onde trouble à vos pieds ;

Au fond du cœur la source est pure,

Elle a frémi sur vos trépieds.

AGIOS O THÉOS,

AGIOS O ISKHUROS,

Dieu fort !

THÉOS ATHANATOS,

Dieu vainqueur de la mort,

A qui te tend les mains, Seigneur, ouvrant les bras,

ELEISON UMAS !

Seigneur ! c'est vers vous que je crie

Du fond de mon obscurité ;

Pitié, Seigneur, pour la Patrie ! . . . . .

Et grâce pour l'Humanité

FIN.

NOTES.

(1) "Dies iræ."

Paroissien Romain. Office de la commémoration des Défunts.

Il n'entrait pas dans le plan de l'auteur d'en donner la traduction entière.

Elle paraîtra plus tard avec celle du "Stabat" dans une publication spéciale.

L'avant-dernière strophe : "Souvenez-vous, Dieu secourable," manque aux Paroissiens modernes ; en voici le texte latin :

" Recordare, ô Redemptor,
Quod homo natus peccator
Transit miser et viator."

Cette strophe se trouve dans plusieurs rituels du moyen-âge conservés dans les bibliothèques du Nord, entre autres dans un manuscrit du Musée Roumiantzoff à St. Pétersbourg.

(2) "Ta croix sur l'Aventin."

Établissement du St. Siége à Rome par St. Pierre, qui y fut martyrisé l'an 65.

L'Aventin, aujourd'hui "*monte di Santa Sabina,*" la plus méridionale des sept collines sur lesquelles était assise la ville éternelle : on y voyait, entre autres monuments, le temple de Diane et le fameux Atrium de la Liberté.

(3) "Jeanne de Vaucouleurs."

Chacun a pu admirer au Musée de Versailles la belle statue de Jeanne d'Arc, chef-d'œuvre de la Princesse *Marie d'Orléans*, mariée au Duc *Alexandre de Wurtemberg*, et enlevée aux arts par une mort prématurée. Elle n'avait pas vingt ans quand cette statue fut achevée.

On a encore de cette Princesse: *L'Ange gardien du ciel*, la *Péri*, et nombre d'autres ouvrages qui la placent parmi les artistes eminents de l'époque.

Sa sœur aînée, *Louise d'Orléans*, mariée à Léopold, Roi des Belges, était, par ses vertus et son inépuisable charité, l'image de sa digne et sainte mère. Les regrets persistants de tout un peuple, au sein duquel elle personnifiait la France, témoignent pour elle devant l'histoire.

(4) "Où cinq princes-soldats, Clairons! sous votre haleine."

L. L. A. A. R. R. le Duc d'Orléans, le Duc de Nemours, le Prince de Joinville, le Duc d'Aumale et le Duc de Montpensier.

Les glorieuses pages de notre conquête de l'Algerie, où ces cinq princes ont écrit leurs noms à côté de ceux de nos plus braves généraux, sont trop nombreuses et trop fraîches encore dans le souvenir de tous, pour que nous ayons besoin de les rappeler ici.

(5) "L'un enlevait rapide un autre Prométhée."

Translation des Cendres de Napoléon, 1840.

(6) "L'autre de haute lutte, à l'Atlas, un Anthée;"

Reddition d'Abd-el-Kader, 23 Décembre, 1847.

(7) "Et cuydant que c'est lui, quand un coursier dévore."

Brillant combat de Taguin, digne des temps chevaleresques.

Le 16 Mai, 1843, le Duc d'Aumale, à la tête de 600 cavaliers, surprit et dispersa la smalah d'Abd-el-Kader qui réunissait environ 20,000 Arabes, dont 5,000 combattants.

L'expression " *cuyder* " est empruntée aux historiens des croisades, qui racontent que lorsqu'un cheval Sarrazin bronchait, son maître lui criait ; "*eh ! cuydes-tu que c'est le Roi Richard ?*"

Les mères se servaient également de ce nom terrible comme d'un épouvantail pour leurs enfants.

(8) "Thermopyles Français, défilés de l'Argonne."

La campagne de l'Argonne comprend le combat de Quiévrain, 28 Avril, la bataille de Valmy, 20 Septembre, et celle de Jemmapes, 6 Novembre.

Louis-Philippe, alors colonel des Dragons de Chartres, courut à la frontière se mettre à la tête de son régiment, aussitôt que l'étranger eut envahi le sol français.

Il se signala dès le début dans plusieurs affaires, notamment au combat de Quiévrain, se couvrit de gloire à Valmy, et surtout à Jemmapes, où il commandait comme Lieutenant-Général, et où il décida la victoire.

Proscrit par la Convention, il refusa les offres avantageuses que lui faisait le général autrichien, s'il voulait servir contre la France.

(9) "Tel celui qui venant raffermir un royaume."

Prise d'Anvers, 23 Décembre, 1832.

(10) "Curtius de notre siècle, il en ferma l'abîme."

L'oracle ayant déclaré qu'un abîme, qui s'était ouvert au milieu du Forum, ne se refermerait que lorsque Rome y aurait jeté ce qu'elle avait de plus précieux, Curtius, Romain célèbre par ses exploits, s'y précipita tout armé. (360 av. J. C.)

(11) "Tendant et retirant la main à l'Italie."

L'allusion à l'Italie et aux traités de 1815, dictée par l'inflexibilité de l'histoire, est, dans la pensée de l'auteur, pure de toute haine personnelle.

....

La fange n'est qu'un trait qui revient sur l'archer,
C'est l'arme d'un esclave et l'écueil d'un poëte ;
Impunément jamais on ne peut y toucher ;
Il en reste toujours à la main qui la jette.

....

(12) "Il n'a point dépendu de sa pensée altière."

" Sire, j'aime mieux tomber dans le Rhin."
Paroles du Duc d'Orléans, 1840.

(13) "Stabat."

Vid. Note 1re.

(14) "Agios o Théos."

Paroissien Romain. Office du Vendredi Saint.

FIN.

www.ingramcontent.com/pod-product-compliance
Lightning Source LLC
LaVergne TN
LVHW052102090426
835512LV00035B/844